사랑은 이별도 컸다

사랑은 어둠보다 깊다

정바름 시집

詩와에세이

2009

차례__

제1부

어떤 기도 · 11
불혹 즈음 · 12
안에서 밖을 보다 · 14
선산(先山)을 오르며 · 16
늙으신 하느님 1 · 17
늙으신 하느님 2 · 19
공명(共鳴) · 20
꽃샘추위 · 22
미안하다 · 23
상여길 · 24
아버지의 시계 · 25
은조미용실 · 26
겨울바람 1 · 27
겨울바람 2 · 28
가을 그리고 바람 · 30

제2부

첫사랑 · 33
늦사랑, 벽시계를 걸며 · 34
산꼭대기에 올라 · 36
아내에게 · 38
해탈 · 40
이슬이 무겁다 · 41
미친 봄날 · 42
가을이었네 · 43
편지 · 44
납골 항아리 · 46
논산 지나는 길 · 48
나도 산다 · 49
응답 · 50
죽은 척 · 52
거미줄 · 54

제3부

사랑을 꿈꾸다 · 57

그해 여름 1 · 58

그해 여름 2 · 59

곁눈질 · 61

그 씨발놈이 · 62

서른두 번째 겨울 · 64

겨울 시계 · 65

기차 · 66

시(詩)쳐먹다 · 67

돌멩이를 던지며 · 68

돌아와 눕는 밤 · 70

이력을 적는 날 · 72

새벽 별 · 74

제4부

디트리히 본회퍼 · 77
위하여 위하여 · 78
6차선 도로 · 80
벽화 속 예수 1 · 81
벽화 속 예수 2 · 83
벽화 속 예수 3 · 85
벽화 속 예수 4 · 87
벽화 속 예수 5 · 88
육교에서 · 89
광란 · 91
아브라함의 기도 · 92
미친 또는 뜨거운 · 94
마음의 장력 · 96

해설 | 김완하 · 99
시인의 말 · 111

제1부

어떤 기도

기도를 하다가 술을 마신다
내 속에 들어와 벌겋게 취하는
하느님
그제서야 당신은 내게 다가와
가식 없는 손을 내민다

술을 마시다가 기도를 한다
입술을 떠난 기도가
출렁이는 술잔을 박차고 나오면
내 온몸 비로소 당신 속에 들어가
하늘을 본다

취기를 다스리지 못하는 기도
기도를 멈추지 못하는 취기

이래저래 기도만 하다가
이래저래 술만 마시다가

불혹 즈음

서둘러 집으로 가는 사람들이
신호등 앞에 늘어선 대동 오거리
하늘 한번 바라보다 잠시
방향감각을 잃었다

좌회전으로 잘못 들어선 길을
다시 바로잡기 위하여
얼마나 많은 날들을 헤매었던가

길눈이 밝은 사람도
단번의 기회를 노리며
핏발선 눈으로 신호를 살피는데
아둔한 내가 이 복잡한 길을 지나
집에 도달하기까지는
하늘도 아득하여라

마음 놓고 올려다보지 못할

망망한 별을 헤아리다
훌쩍 마흔을 넘었다

안에서 밖을 보다

내 안의 또다른 나를 보기 위하여
무던 애쓰던 때가 있었다
눈을 감고 한나절 넋을 놓거나
인적 없는 숲 속에서 귀를 닫기도 했다
그럴수록 나는 나를 더 깊이 감추고
휘이휘이 바람만 내저었다

산꼭대기에 올라 맴을 돌다가
나도 모르게 원심력을 거슬러
내 속으로 들어갔다
나를 벗어난 내 밖의 또다른 내가
나무와 산과 하늘과 한 몸 이루어
뱅글뱅글 춤추고 있는 것을 보았다
삼라만상이 하나의 몸짓으로
내 끝에 매달려 돌고 있는 것을 보았다

나는 원심을 맴도는 나무였다

산이었다 하늘이었다
하늘과 산을 돌리는 작은 원심(圓心)이었다

선산(先山)을 오르며

저 산이 아버지 같은 이유를 알겠네
육탈한 아버지의 뼈가 산을 떠받치고
세상의 중심을 잡아주기 때문이지
아버지는 저 품으로
헝클어진 뿌리를 보듬어 나무를 세워주고
다람쥐 같은 자식 몇을 키웠네
나무도 다람쥐도 사람도
모두 다 그 품에서 자랐으므로
나이를 먹을수록 산은 얼마나 그리운가
언젠가 저 넉넉한 품으로 돌아갈 수 있음은
또 얼마나 행복한 일인가
만만찮은 이 세상 살아낸 뒤엔
발길에 채이는 뼈다귀처럼
함부로 구르지 않았으면 좋겠네
내 뼈다귀도 저 산에 묻혀
산을 떠받치고 하늘을 떠받치고
사람 사는 세상을 떠받치면 좋겠네

늙으신 하느님 1

몇 푼 위로도 되지 못하는
만 원짜리 몇 장 슬그머니
병든 어머니 손에 쥐어드린다

평생을 쏟아 붓고도
가난한 자식 보기 안됐는지
한사코 손을 내젓는 어머니

나는 이제 늙었으니
네 식구나 돌보거라

부끄런 손 접고
눈물 삼키며 돌아서는데
어머니 가슴에 설핏
하늘이 안겨져 있다

평생을 헤매도 찾지 못했던

하느님
거기 앉아 계셨다

늙으신 하느님 2

생사(生死)의 기로에서 어머니는
지금은 때가 아니길 기도 드렸다
장례비용도 준비되지 않았을 자식 걱정이
당신의 운명보다 더 중요한 문제였다니
그 말씀 옳다고 끄덕거리는 일도
아무 걱정 마시라고 안심시키는 일도
내게는 모두 몹쓸짓이었다
여자의 이름으로 생명을 빚고
칠십 넘도록 이 땅을 다져온 어머니의 인생은
이렇게 가벼운 것인가
경황없던 날에도 먼저 나는
바닥난 통장이 더 걱정스러웠는데
어머니는 내 형편을 훤히 읽으시고
다시금 소생하시는 것이었다

공명(共鳴)

어머니는 한 번도 내게
어디에 가고 싶다는 말을 하지 않았다

가난한 자식 대신 십자가를 진 어머니에게
털어야 할 죄가 많았으나
어머닌 끝내 죄를 묻지 않았다
자꾸만 떠날 채비 서두르던 응급실에서
홀연 승천할까 두려워
참회의 기도 경건했던 날에도
나는 뒤돌아 내 죄를 잊어버렸다

저렴하게 저승길을 모신다는 상조회에
처음 노잣돈 부은 날
꿈속 먼 바닷가 어디쯤
이승의 발자국 함께 찍으며
어머니도 죽기 전에 나와 함께하고 싶은
삶의 흔적들 많이 있음을 비로소 생각했는데

어머니, 어디 좀 함께 갈까요
수백 번 되뇌이다 속울음만 삼켰던 아침
어머니가 먼저 내 죄를 사하셨다

너와 함께 가보고 싶은 곳이 있단다

꽃샘추위

어떻게 하면 너를
위로할 수 있을까
봄이라 믿고 있었는데
추위에 굳어버린 남루한 겨울 외투
올올이 스며 있는 슬픈 기억들
다 버렸다 생각했는데
늦은 밤
집으로 돌아오는 내 그림자엔
아직도 너덜너덜 상처가 남아
얼어붙은 얼굴 아픈 가슴으로
어떻게 너를
감싸줄 수 있을까
내일은 더 춥다 하는데
오늘

미안하다

계족산에 안겨서도
산이 되지 못했다

꽃잎에 눈맞추고도
꽃이 되지 못했다

어두운 기억 밀어내며
새소리 와락 안겨드는 아침

아직도 단꿈에 젖은
네 고운 이마에 손을 대고
나는 무엇이었나 생각한다

미안하다
한 번도 나는
네가 되지 못했다

상여길

고갯길을 넘고 있었다
어허이 어허야

반쯤 취한 상여꾼들은
즐겁게 환호하고

이제 가면 언제 오나
애달픈 물음

내 살아생전
뼈 깎는 고생을 하고
오늘에서야

고갯길도 번듯이 누워서 간다
흥겨운 가락을 들으며 간다

어허이 어허야

아버지의 시계

아버지는 시계를 갖고 계셨다
지옥 같은 여름
목숨과 함께 멎은
아버지의 시간

아버지의 손목은
흙이 되고 있는데도
그치지 않고 돌아가는
아버지의 시계

은조미용실

오기와 자존심으로 말할 거 같으면
둘째가라면 서러웠던 젊은 날의 치기도
이제는 부질없는 것
철지난 여성잡지처럼 소파에 걸터앉아
순서를 기다리는 동안
능숙한 미용사는 내 마음을 훤히 읽는다
한때는 머리 꼭대기에 있던 오기와 자존심이
서슬 퍼런 가위 날에 가차없이 무너지도록
아무런 저항도 없이 결박당할 수 있다니
바닥에 짓밟히던 다른 것들과 뒤섞여
구분도 없이 폐기되는
내 오래된 관습과 이념의 틀도
딴엔 고고하고 아름다웠으나
한낱 오만 잡것 중 하나였으니
부디 잘 가라, 다시 돌아오지 못하는
나여, 딴엔 아름다웠던
젊은 날의 나여

겨울바람 1

 오늘도 반듯한 길을 너덧 차례 꺾어 집으로 돌아왔다 돌아오는 길은 길목 어디에선가 몇 가지로 갈라져 있지만 어디로 둘러가든지 앞서간 발자국들이 숱한 사연으로 여기저기 찍혀 있었다 오늘도 어김없이 으스스 추운 바람이 내 작은 몸을 회오리처럼 감싸고 따라왔다 지금 나는 깊은 어둠 속을 누워 두서없는 생각에 잠겨 있지만 나를 따라왔던 바람은 어디로 갔을까 오던 길을 되돌아갔을까

 바람은 길을 따라 불지 않는다 길은 어디까지나 사람이 만들어 놓은 것 그런데도 바람은 사람이 있고 길이 있는 곳이면 어디든지 나타나 길을 벗어나 바람이 나는 바람 같은 사내를 기다리고 있다

 겨울이거나 말거나

겨울바람 2

간밤에도 잠을 설쳤다
굳게 닫힌 잠의 문으로
바람이 뒤숭숭 넘나들었다

현관문을 걸어 잠그고
다시 방문을 닫고
마지막 문이거니
두터운 이불까지 뒤집어썼는데
어디에 틈이 남아 있었을까

처음엔 낮은 파문으로 꿈속을 휘젓다가
급기야는 잠을 깨워
나는 담배를 피워 물고
스쳐 지난 꿈을 더듬어 보았으나
바람이 오가는 길을 알 수 없었다

어떻게 해야 하나

이 방 저 방 들락거리며
단단히 문단속을 다시 해보지만
다시 누운 곤한 육신 사이로

내 안의 문이
밤새 삐그덕거리고 있었다

가을 그리고 바람

그저
떠도는 것이려니 생각했는데
바람에 정곡을 찔렸다
단단하던 가슴에 구멍이 났다
부스스 내 안이 무너져내린다
그냥 여기에서
드러눕기로 한다
가을이다

제2부

첫사랑

산길을 따라 나폴나폴 하늘을 오르는
한 쌍의 푸른 걸음마다
꽃잎 부풀어 오른다

나도 저 산(山)을 넘어 어디론가
도망을 친 일이 있었다

그때도 봄날이었다

늦사랑, 벽시계를 걸며

다 늦은 저녁 횡한 벽을 더듬어
콘크리트에 못을 박는다
허공을 내리치는 무딘 망치가
불꽃을 튀기며 나가떨어진다
세월의 매듭 이리 견고한가
무수한 생명을 품었다 놓았던
저 가슴은 좀처럼 열리지 않는다
산다는 건 맺고 또 푸는 일이라지만
겹겹 지층으로 마음 둘러온 그대가
언제 온몸을 벗어 사랑한 일 있었던가
그대를 여는 일은 또 나를 벗는 것
중심을 겨누고 다시 못을 박는다
상처가 비로소 비밀을 허물고
푸른 시간을 피워내기까지
사랑은 어둠보다 깊다

콘크리트 벽에 못질을 한다

절망과 희망을 되풀이하며
사랑은 벽에다 못을 박는 일
그대의 가슴을 비집고
저 벽에 내가 걸린다

산꼭대기에 올라

산꼭대기에 올라 비로소
더 이상 오르지 못할 곳이 있음을 안다
산은 하늘 아래 말이 없고
먼발치에 옹기종기 목숨 잇대어
사람들이 산다

하늘은 아래로 아래로 내려와
산에 닿고
산은 더 이상 낮아질 수 없는 곳까지 내려와
사람이 되었으리

그리하여 사람이 목숨 다하는 날
지친 몸은 산으로 돌아가고
땅 위에 붙잡혀 있던 영혼은 하늘로 올라
하늘과 땅과 사람이 한 몸을 이루는
저 불멸의 진리

사람 같은 산
산 같은 하늘

아내에게

마음이 너무 좁아
그대를 다 담을 수 없다
억지로 담으려 하니
이미 있던 것들이
하나씩 밖으로 밀려 나간다

사람이 크지 못하다고
푸념하는 아내여
크다는 것도 그다지
좋은 일만은 아니리라
우리가 살아내는 이 세상은
크기에 힘든 것 아니겠는가
많이 부딪치고 많이 상처내고
많이 아파하는 것 아니겠는가

담을 것 꼭꼭 담고
이미 담긴 것 지켜내는

실한 마음만 있다면
그것이 행복한 일 아니겠는가

해탈

한평생 하루같이
웃고만 살 수 있겠나
하루에도 열두 번씩 변하지 않는다면
그게 어디 사람이라 할 수 있나
벚꽃이 어질하게 날리는 날
사람의 짐 내려놓고
송광사 해탈교를 건넌 여인
꽃잎처럼 육신도 벗어던지고
대웅전 뜰앞에서 헤실헤실 웃는다
바보처럼 웃는다
오백나한도 미친 듯이
꽃비로 쏟아진다

이슬이 무겁다

이른 아침
스킨답서스 싱싱한 잎새에 맺힌
작은 이슬 방울 하나
공작초 여린 줄기에 떨어져
천 년을 기다려 피워낸
꽃목 떨구었다

계족산 산자락
하늘 높은 줄 모르고 치솟은
거대한 인간의 마을이
촉촉한 새벽이슬 아래 잠들어 있다

이슬
이슬이 무겁다

미친 봄날

폭설 사나운 춘삼월,
눈발에 미끄러지던 860번 버스 안에는
알.콜.중.독이라는 낱말을 생각해 내지 못하는 계집애 둘이서

오빠는 사람이 좋아, 잠자리도 끝내줘, 결혼도 생각했지만 그쪽 아버지가 좀 그래, 왜 있잖아, 하루도 술 안 마시면 안 되는, 그게 뭐더라, 치료비가 많이 들어 집도 팔았대, 그 오빤 졸라 좋아, 같이 자 보니 진짜 좋아, 하지만 결혼은 안 되겠어, 그럴 필욘 없잖아, 그런데 그 병이 뭐지, 그게 뭐더라……

허연 허벅지 탱탱 물오른 고 계집애들
저 천박한 사랑법에 불끈 항거하는
내 사랑법은 무엇인가
늦은 춘삼월, 저 눈발 같은

가을이었네

제 몸 스산한 바람은
사람의 마을로 내려오고
가슴 알맞게 익은 사람은
산길을 오른다
하느님도 쓸쓸하여
나뭇잎을 흔들어 보다가
먼 산 석양을 거두어
숲에서 잠잠하다

인적이 끊어진 산어귀
한때는 꽃이었을 마른 풀잎이
바스락, 마지막 씨앗을 털고
바람과 사람이 은밀히 몸을 섞어
그리움을 잉태하는

어어,
여기가 가을이었네

편지
―은영이에게 답장을 대신함

살아 있음이 더러는 행복도 하여라

오랫동안 비워 두었던 집에 돌아와
수북이 쌓여 있는 독촉장 사이에서
너의 따스한 심장 한 조각 집는다
이제 닳아 꺼질듯한 내 심장에 이식을 하듯
꼬옥 너의 사연을 품어 보면
거기 금방 산을 넘어온
신선한 바람이 일렁이고
갓 샘물에 헹구어낸 풀잎처럼
행간 가득 그리운 네 눈동자

무엇을 찾아 왔을까
돌아보면 머나먼 길
오늘도 낯선 땅을 서성이며
버거운 독촉장 사이에서 헤매다가
다 산 사람처럼 쓸쓸한 표정으로

다시 집에 돌아와
너의 편지를 읽고 또 읽으며
잃어버린 것들을 하나씩 생각한다

살아 있음이 오늘은 행복도 하여라

납골 항아리

돌공장 사무실 한켠에
가지런한 납골 항아리

어머 참 예쁘다
고추장 담으면 딱 좋겠네

마냥 들뜬 아줌마들은
집으로 가는 길 잠시 잊었다

낯선 길 돌고 돌아 나는
잠시 이곳에 머물러 있지만

마침내 저곳에 이를 때면
누구의 가슴에 진열되어
고추장만큼 기억될 것인가

죽어서야 겨우 마련될

지상의 마지막 집 한 채

논산 지나는 길

논산에
결이 고운 시인 하나 알고 있다

어쩌다 그 마을 지나노라면
길은 온통 그를 향해 닿아 있고
꽃잎 지천으로 날린다

오래 전 이 땅에 터를 잡고
향기 가득 봄길을 내어준 사람

길과 길을 이어주는 건
마음에 숨겨둔 그리움이었음을
오늘 여기에서 생각하다가

그냥 지나치기 미안해
통행료를 내듯 전화를 건다

나도 산다

송촌동 221의 3번지
우리 집에는 바퀴벌레가 산다
내가 이사 오기 훨씬 전부터
이 집은 그의 것이었다
저녁 늦게 돌아와 잠만 자는 나보다
구석구석 집 안을 잘 아는
그가 더 주인답다
가문의 역사를 어림셈하여도
그에게 비교가 되지 않는다
이 땅에 뼈와 살을 묻어
흙이 되고 생명이 된
상상 못할 그 족속의 연원 앞에
나는 때때로 숙연해진다

우리 집에는 바퀴벌레가 산다
한쪽에 세를 들어
나도 살고 있다

응답

하느님
왕년에 한번 날려보지 않은 사람 없겠으나
저도 한때는 촉망받는 시인이었습니다
농익은 언어가 말끝마다 터지고
사철 푸른 바람이 가슴에서 일렁였는데
세상을 떠도는 허다한 말들은
다 어디로 간 것일까요
가슴을 치고 머리를 쥐어뜯어도
내 언어의 샘은 바짝 말라버렸습니다
하느님
당신을 향한 찬미의 언사도
무릎 꿇고 기도하는 골세러머니 같은
거창한 몸짓도 약속할 수 없습니다
다만 큰 욕심 안 부리고
남을 해코지 않으며 살겠으니
지상의 모든 언어가 당신에게 속했다면
미칠 것 같은 마음 다스릴 수 없을 때

그저 시나 한 수 허락해 주십시오

그러자
시가 봇물처럼 터지는 것이었다

죽은 척

지난해 세상 떠난 오케스트라 지휘자
임선생은*
지금껏 전화를 받지 않는다
여러 번 그가 살던 집에 찾아가
그의 식탁에서 밥도 먹고 술도 마시고
하룻밤 서재에서 기다리는 동안에도
그는 끝내 나타나지 않았다
책상 서랍을 열어 흔적을 찾거나
그가 불었던 클라리넷을 만지작거리고
여전히 가지런한 가방 속
혼신을 다해 매만졌을 악보의 음계를 따라
그의 행방을 추적해 보았으나
아무 단서도 찾지 못했다
나는 살아 있는 척 부산을 떨며
그의 소재를 궁금히 여기지만
구봉산 납골당에 부재중 메모만 남겨 놓고
정말 희한하게도 그는

죽은 척 소식이 없다

* 군산시향 음악감독 겸 상임지휘자였던 임동수 선생. 2008년 11월 세상을 떠났다.

거미줄

우주로 통하는 길목 어디쯤
깊은 속살을 찢어 그물을 쳤다
거꾸로 매달려 바라보아야
중심을 잡을 것 같은 세상
벽과 벽 사이
당신과 나만큼 먼 틈새를 떠돌던
벌레 같은 생각들과
생각 같은 벌레들이
우수수 걸렸다 사라지고
어둠만 가득한 하늘 한구석
소리 없이 세월은 삭아가는데
끊어질 듯 이어질 듯
질긴 목숨 펄럭인다

제3부

사랑을 꿈꾸다

흙을 빚어
너를 다시 만들 수 있다면
해묵은 오장육부
머릿속 총총한 생각 다 드러내
그렇게 너를 다시 만들 수 있다면
신화처럼 곱게 지상으로 쏟아지는
고운 별빛 한 줌과
아직은 살아 있는
내 더운 심장 한 조각 떼어
그렇게 너와 나
하나 될 수 있다면

그해 여름 1

아침부터 후끈 달아오른 아스팔트 위 종종거리던 사람들은 시간 너머로 사라졌다 양동이 가득 물을 길어 연신 14층을 오르내리는 할머니의 눈빛은 우주를 감쌌다 아무도 돌보지 않는 잔디밭 한구석, 훌쩍 뛰어넘고픈 메마른 콘크리트 울타리 땡볕에 줄기 늘어진 호박 밑둥에 할머니는 얼마 남지 않은 생명을 꺼내어 나눈다 아는 듯 모르는 듯 무성히 자라 착한 열매 두어 개 탱탱 물오를 즈음 아이들이 장난감 소총을 어깨에 메고 제국주의자처럼 당당히 나타나 일제히 방아쇠를 당겼다 여린 살 푹푹 패어나가도록 착한 모습 잃지 않고 장엄한 숨을 거두는 호박을 말없이 보고 앉아 나는 또 누군가의 표적이 되어 내 심장 깊숙이 겨누어진 총구에 사색이 되었다 덴가슴팍으로 구름이 몰려오고 있었다

그해 여름 2

그래 우리는 사랑을 남발했던 것이다
주기만 하면 다 되는 줄 알았지만
스스로 위안을 받고 싶었던 게다
영문 모르고 모여든 고아원 아이들은
대체 무슨 일인가 우리를 탐색했지만
몇몇 아이들은 모퉁이를 돌아
폼나게 담배를 피워 물었다
캠프가 열리던 첫날 예배 시간
사방 흩어져 잠을 자거나 딴전을 피우는
그들은 모두 귀를 닫아 버렸다
우리도 여름처럼 축 늘어져 있었다
당신은 사랑받기 위해 태어난 사람입니다
당신은 누구보다 존귀한 하느님의 아들입니다
자기 설교에 취해있던 목사는 성급하게도
그들 가슴속에 무엇이 싹 트고 있는지
끄집어내려는 듯 다그쳐 물었다

나는 누구입니까!

오, 기적 같은 일이었다
널려 있던 아이들이 자고 있던 아이들이
벌떡 일어나 정색을 하고선
한목소리로 쩌렁쩌렁 외쳐대는 것이었다

나는 고아입니다!

여름이면 그 소리 어김없이 살아나
내 가슴속에서 슬피 울어대는 것이었다

입니다아 니다아아아

곁눈질

곁눈질하며 눈치를 살피고
곁눈질하며 못된 생각만 품어
곁눈질하다
제자리로 돌아오지 않는 눈동자
많이 돌려야 사람 행세 하는
삐딱한 세상
올바로 바라보면 바보가 될까 봐
슬금슬금
곁눈질만 하고 있다

그 씨발놈이

씨발놈이란 말 참 어렵다
막걸리 잔을 부딪치던 친구가 느닷없이
씨발놈이라 불렀을 때
나는 왜 씨발놈인가 생각했다

내가 처음 입에 올렸던 욕설도
아이가 유치원에서 처음 배워온 욕도 모두
씨발이었다, 씨발
한 번도 말해 보지 않았거나 들어보지 못한 사람 없으니
우리는 모두 씨발년놈들
그렇게 씨발 짓거리로 살면서도
오, 씨발의 참뜻 새겨본 일 없으니

씨발이란 말 무엇인가
말 속에 숨은 씨앗이 불쑥 솟아
뱉어지는 순간 다른 씨를 잉태하는
불멸하는 목숨 같은 거

그렇지 않고서야 어찌 우리가 서로를 향해
씨발이라 말할 수 있겠는가

엄숙하게 두 손 모으고
다시 묻는다
나는 왜 씨발놈인가

서른두 번째 겨울

꿈과 생시가 뒤섞인 하루를 견디며
세상이 이렇게 갑갑한 것은
마음이 닫혀 있기 때문일 게다
비스듬 내리쬐던 아침 햇살 훑으며
거친 세상을 달려온 바람 앞에
이렇게 주눅이 드는 것은
내일은 더 추울 거라는 예감 때문일 게다
사소한 일에도 신세타령을 하는
병든 아내의 가슴을 헤집고
내리는 것인가 흔들리는 것인가
적기(敵旗)처럼 펄럭이는 눈발이여

겨울 시계

수명이 다한 건전지가
시간을 늘여 놓았다
늦은 아침
머리맡에 흐트러진
시간을 주섬주섬 모으며
밤새 떠나버린 친구와
그의 온기 잃은 두 손을 생각한다

떠나간 것들은 저리도 멀어
다시 돌아올 수 없는데
봄은 왜 이리 더딘가

올 겨울도
햇살이 어영부영

기차

돌아올 것을 알면서도 나는 떠났다
이렇게 길을 다지기 위해
얼마나 뼈와 살을 깎았던가
지나는 곳마다 세상이 둘로 갈라지고
묵은 바람은 뒷전으로 사라져 갔다
발길이 잠시 머무는 곳마다
내 안을 총총 빠져나가는
바람 같은 시절
사랑의 뒷모습이 채 사라지기 전에
눈물을 추스리고 또 떠나야 했다
그 먼 길 왜 달려갔던가
갔다가는 왜 다시 돌아왔던가
홀연 떠나갈 어느 날을 위해
나는 매일 이 길을 다져왔던가

시(詩)쳐먹다

좋은 싯감 준비해 놓고
미리 말을 하고 나니
맛이 돌지 않는다
발상은 파닥거렸고
게다가 비까지 내려
짜릿한 소주에 제격이려니 했는데

말을 먼저 내뱉은 것이 실수였다
숨이 빠져나가 풀죽은
내 가벼운 언어가
핏기를 잃고 흐물거린다
단칼에 저며지지 않는다
칼을 벼리고 거듭 내리치지만
끝내는 시가 되지 못했다
맛이 되지 못했다

돌멩이를 던지며

흔하디흔하게 지천에 널렸어도
어디 눈길 한번 준 적 있었던가
무심히 지나치다 비로소 손을 내밀면
다가와 될만한 의미가 모두 되는
돌멩이는 말이 없다
길을 걷다가 한눈파는 인생들을
탁 탁 걸어 넘어뜨리고
행주대첩
아낙네의 앞치마 속으로
다시 골리앗의 정수리를 내리꽂고도
그냥 버려지기를
구석기와 신석기를 가르기 전부터
오늘에 이르기까지
이 땅을 지탱해온 근원이면서도
언젠가는 다시
당신과 나의 손에 던져지기 위하여
끝끝내 말을 감추는

그 돌멩이를 던진다

돌아와 눕는 밤

기꺼이 다가와 어둠이 되는
산을 보아라
하늘은 스스로 제자리를 버리고
두 팔을 벌려 가슴을 연다
나무는 나무끼리 사람은 사람끼리
적당한 거리를 가늠할 수 없어
살과 살을 부비며 하나가 되는구나
가뭇없이 몸을 살라 어둠 속으로 투신하는
빛들도 제 영역을 고집하지 않는다
흐느끼는 풀벌레 소리를
저리도 그윽이 삭여주고
사슬 풀리지 않은 영혼들이 눈물을 씻는
이 깊은 골짜기
눈을 감았다 뜨는 동안 하나씩
만 년의 나이테 두터운 비밀을 열어
속살을 보여주고
새벽이면 소리 없이 자리를 비워주는

이보다 넉넉한 품 또 어디에 있으랴

이력을 적는 날

살만큼 살아왔다고 자부하는 일
얼마나 허망한 일인가
소설책 몇 권으로도 모자랄 것 같았던
내 살아온 이야기는
고작 두어 줄로 맺고 말았네
그저 열심히 살겠다는 밑도 끝도 없는 다짐으로
하루하루 지나 사십 년 생애
얼마나 더 살아야 이 텅 빈 여백 빽빽이
자랑스런 이력을 적을 수 있을까
답안지 같은 빈 칸은 점점 더 늘어가고
남은 날들은 시험시간처럼 짧아지는데
밑도끝도없는 다짐은 언제쯤 마치고
모범답안을 적을 수 있을까
남자는 함부로 눈물 보이지 말라 했는데
이깟 종이쪽지 앞에서 한없이 작아지는
내 이력이 부끄러워
밤새 별만 그리다가

애꿎은 점만 찍어대다가……

새벽 별

새벽 미명에야 보았네
쓸쓸한 내 어깨를 토닥이던
아버지의 눈길
끈적이던 어둠의 비늘을 털고
아침을 향해 가라시네
혼자서 가라 하시네
오래전에 돌아가신 우리 아버지
이제야 눈을 감으시네

제4부

디트리히 본회퍼*

히틀러는 미친 운전수였다
승객들의 목숨이 경각에 달렸으므로
미친 운전수를 끌어내리려 했던 그는
광화문에서 또는 대전역 광장에서
무참히 처형되었다

그날 밤 나는 은밀히 칼을 품었다
미친 거리를 배회하며
누군가를 죽이고 또 죽였다
그러다 비겁한 나를 만나면
나를 죽이고 또 죽였다

어두울수록 빛나는
지.고.지.순.
암살의 꿈

* Dietrich Bonhoeffer(1906~1945)―독일의 목사이자 신학자, 히틀러 암살단에 가담한 혐의로 나치에 의해 처형되었음.

위하여 위하여

돈 많은 사람도
지체 높은 양반도 없는
허름한 순대국집에
어중이떠중이가 모여들었다
하루 종일 막일판에 뒹굴던 이야기며
잘나갔다는 왕년의 이야기가
신세타령으로 이어져
술 한 잔 넘기면
고함도 지르고 눈물로 흘리고
아 이놈의 세상
개 같은 인생

나는 어중이들 틈에 섞인 떠중이가 되어
함께 웃고 함께 떠들다가 벌떡 일어서
열심히 살자고 맹세를 했다

어중이떠중이 주제에 혈서는 못 쓰고

막걸리 잔을 부딪치며
위하여 위하여!

6차선 도로

이 땅은 누구의 땅이었을까
옛날엔 나무와 짐승들
그 사이를
선사(先史)로만 스쳐 지난 사람들
그렇게 강산이 변하길
상상 못할 긴 역사 속에서
사람과 사람이 모여 살고
집과 집들이 늘어선
어느 날
반듯하게 아스팔트 포장을 하고
황색 실선 백색 점선
칼날처럼 주욱죽 그어버린 날부터
법을 어기지 않고는
밟을 수 없는
지척에 두고도
빼앗긴 땅
이 땅은 누구의 땅인가

벽화 속 예수 1

밤길을 걷다가 보았다
낡은 유물처럼 벽에 걸린
하느님의 아들
궁궐 같은 어느 교회에서 모시고 있다는 건
단지 소문이었다
수상한 짐을 잔뜩 지고 와
은총과 맞바꾼 자들은 훌훌 자리를 뜨고
어린양 몇 마리만 곁을 맴도는
그의 처진 어깨는 젖어 있었다
오래전에 박아 두었던 쇠못이
견고할 것이라 믿는 무리들은
그가 교회당 문지기로 일생을 마칠 거라는
흉흉한 소문을 바람처럼 전했으나
그는 온기를 잃은 벽화 속에서
소문처럼 흔들거리고 있었다

그는 나에게

나는 그에게
끝내 말 한마디 건네지 못했다

벽화 속 예수 2
—빌라도 법정

꼼짝 마, 예수
온 땅 위에 충만한 사람의 이름으로
그대에게 유죄를 선고한다
하늘에 이르는 길 다시 놓아
가던 길 돌이키게 만든 죄
한없이 낮아지라 하여 우리의 권위를 뒤흔들고
아낌없이 주라 하여 피 같은 재산을 엿본 죄
부와 권력의 날개 밑에
지극한 평안을 누리고 싶은 우리에게
거센 정의의 물결이 되라 하였으니
그대를 그냥 두고선 자유할 수 없으므로
정녕 자유할 수 없으므로
일곱 번씩 일흔 번이라도 용서할 수 없으리
이루 열거하지 못할 죄가 허다하나
그래도 한때 뜨거운 사랑이었으니
거대한 철옹성 교회당에 족쇄를 채워
복이나 빌어주는 종신형에 처한다

우리의 판결에
아무런 변명도 허용치 않음

벽화 속 예수 3
—삼성동 예수

그의 행적을 궁금히 여기는 자 없으나
자라며 강하여지고 지혜가 충족하여*
꿈 많던 어린 시절은 있었으리
나사렛 작은 마을에서 빈들 떠돌다
누군가 그어 놓은 선 밖으로 밀려나
허다한 죄를 뒤집어쓴 이 낮은 땅
바닥보다 더 낮은 골목길을 지나
예수는 집집마다 죄를 거둔다
리어카 가득 눌러 담은 신문더미
시대의 죄목이 빽빽이 적힌 행간 어디쯤에
슬쩍 덮어둔 나의 허물까지 거두어
골고다 언덕을 향하여 간다
죄 없는 사람들은 채찍처럼 경적을 휘둘러
더 낮은 곳으로 예수를 밀어내고
우수수 대로를 향해 사라진다
갈라진 입술을 깡소주로 축이며
엘로이 엘로이 레마 사박다니** 탄식을 하여도

내려놓지 못하는 무거운 십자가
고난의 하루는 길다
부활을 꿈꾸지 못하는
사람의 아들이여

* 누가복음 2장 40절(개역성경) — "아기(예수)가 자라며 강하여지고 지혜가 충족하며 하나님의 은혜가 그 위에 있더라"
** 마가복음 15장 34절(표준새번역) — 예수께서 큰소리로 "엘로이 엘로이 레마 사박다니!" 하고 부르짖으셨다. 그것은 번역하면 "나의 하나님, 나의 하나님, 어찌하여 나를 버리셨습니까!" 하는 뜻이다.

벽화 속 예수 4

일요일에 교회당을 빠져나온 하느님이
계족산에서 진달래로 몰래 피었다
월악산 하늘재 오르는 길에
산수유 꽃망울로 활짝 열렸다
사람들이 주여 주여 불러댔지만
그날 하느님은 돌아가지 않았다
약수터 어귀에서 고갯마루에서
하루 종일 서성거렸다

벽화 속 예수 5
―우리의 하느님

장막 밑에 쪼그려 앉아
숨막혀 계신 하느님

이곳에선 이런 모습으로
저곳에선 저런 모습으로
때로는 숨을 곳 없어 쫓겨 다니시며
본질을 찾아 무던히 애쓰시는

나로 인하여 가련하신
나의 하느님
우리로 인하여 변질되신
우리의 하느님

육교에서

육교를 기어오르다 문득
살기 어렵다는 생각을 한다
흐느적 흐느적 계단을 밟으며
기껏 올라봐야 대학 정문 앞
그곳에서 나는 친구를 만난다
어쩌면 내게 무거운 짐을 지우며
미안하다는 말 한마디 위로처럼 던지고 말
나만큼 살기 힘든 친구를 만난다

육교를 오르는 길은 참으로 어렵다
살아온 날들처럼 빠르게 지나가는
서울행 열차 구석구석
저마다 힘겨운 짐을 가득 안고 떠나는
저들은 사는 게 쉬운 일일까
서울로 가는 길이 무척 멀다고 느낄 게지 그러다
문득 살기 어렵다는 생각도 해보고
오늘따라 열차가 흐느적거린다는 생각도

기껏 올라봐야 서울이라는 절망도 들 테지

어쩌면 저들에게 무거운 짐을 지우는
서울로 떠나는 이 길목

광란

그때
교황과 정부는
마녀의 대광란이라 떠들어댔다
거리에서 일터에서
촛불을 밝혔던 사람들은
광란의 주모자로 체포되었다
영문도 모르고 끌려가
미친 불더미에 개처럼 던져진 그들의 죄명은
빗자루를 타고 하늘을 날아다니거나
농작물에 우박을 퍼붓고
악마의 연회에 얼굴을 내민 죄

아아 내가 살아 있는 이 시대는
21세기
를
거슬러 거슬러 간
광란의 15세기

또는 17
세기말

아브라함의 기도
—세상을 심판하시는 이가 공의를 행하실 것이 아니니이까
  (창세기 18:25)

욕심처럼 얽혀 있는
갈라진 보도블럭 틈으로 생명이 솟습니다
끈끈한 싹 틔워 올리며
살아 있음을 한탄하는
저 이름 없는 풀들을 보십시오
사람들이 무심히 밟고 지난 자리에
분노처럼 다시 자라고
때가 이르기도 전에 뿌리채 뽑혀 버리는
이 너른 땅이 우리에겐 너무나 좁습니다
그 틈을 비집고 비집고
흙이 있는 곳이면 어디든 뿌리를 내리는
우리들의 눈물을
더도 말고 덜도 말고
딱 한 번만 보아 주십시오
당신의 공의처럼
그대로 자라게 두십시오
자라게만 두십시오

미친 또는 뜨거운
—2008, 촛불

돈을 많이 처들여야 구원을 얻는다면
그런 신(神)이야 잡놈이지
힘센 놈이나 살만한 세상이라면
그런 권력이야 개새끼지
습한 바람이 몰아치더니
기나긴 열대야에 점점 미쳐간 세상
애급땅 종살이에 길들여진
나의 조국 히브리여
홍해를 가르고 불볕 사막을 건너
삼보일배로 다져온 거룩한 땅에서
순결한 형제의 모가지를 치는
불순한 칼날 번뜩이고
영혼을 팔아 상한 빵조각과 맞바꾸는
야훼의 백성들은
다시 애급으로 돌아가려는가
황금송아지를 우러러 춤판을 벌이는
저 광란의 물결

저 반역의 바람 앞에서
모가지가 짓눌려 잠못 이룰 때면
미친 건지 뜨거운 건지
촛불을 다시 밝히고
그해 6월을 생각한다

6월은 반드시
6월을 기억케 한다

마음의 장력

나는 한때 조율사를 꿈꿨다
귀신이라는 말을 들어가며
소리의 꼭짓점을 기막히게 찾아냈다
저마다 쌀 한 가마니 무게의 장력으로 버티던
질긴 피아노 줄을 손아귀에 쥐고선
소리의 세상을 주무르고 싶었다
그러던 어느 날
슬픈 울음 같기도 하고 쓴웃음 같기도 한
내 안의 맥놀이를 들었다
불협화음의 진원을 찾아 들어갈수록
점점 더 윙윙대던 파장의 간극
작은 자극에도 쉽게 무너져 내리던
내 마음의 장력은 얼마큼이었던가
나는 튜닝해머를 내던지고 말았다
내 것도 제대로 조이지 못하면서
남의 것 어루만지며 살려 했다니
스스로를 비웃으며 꿈 하나를 내려놓자

마음의 끈도 한결 느슨해졌다
버틸 대로 버티다가 풀리면 풀리는 대로
인생은 그런 거다 대충 체념하면서
놀랍게도 목숨 줄 이어왔다

튜닝해머는 어디선가 녹슬고 있다

해설

내 안의 또다른 나

김완하 (시인, 한남대 문창과 교수)

　정바름 시인의 시를 읽는 오월의 밤은 낮게 깔리는 소리를 먼저 내면서 비가 왔다. 어둠의 벼랑을 타고 비가 내리면서 세상은 무척이나 고요한 것처럼 보였다. 그러나 그렇게 젖어드는 밤의 적막을 뚫고서도 정바름의 시에서 올곧게 솟아나는 시심은 내게 다가왔다. 밤비에 세상이 젖는가 했더니 실은 내가 젖고 있었고, 빗소리가 나를 적시는가 했더니 정작 그의 시가 나를 깊숙이 적시고 있었다.

　정바름의 시를 읽는 나의 마음은 일편 홀가분하기도 하였다. 그와의 인연이 25여 년에 가깝고 그와 〈큰시〉동인이라는 형식적 틀 안에서 함께 해온 지도 벌써 15여 년이 훨씬 넘는 시점에서 그의 첫 시집 원고를 읽기 때문이다. 그렇다. 이제 그동안 쌓아놓았던 원고를 정리하며 지난 시간을 과감하게 밀어내자. 그리고 다시 새로운 큰시의 세계로 함께 나아가자. 그러한 마음이 일면서 나는 그의 시 속으로 한없이 빠져들기 시작했다.

　내가 그와 함께 해온 시간 속에서 나는 누구보다도 그의 삶과 그의 시를 잘 이해한다고 믿어 왔다. 그러나 그의 첫 시집 원고를 읽으며 나의 그러한 생각도 착오에 지나지 않음을 알게 되었다. 그의 시편 속에는 그동안 그가 간직해 왔던 그의 삶과 그의 시정신들이 꿈틀대면서 나의 삶과 시에 대하여 가차 없는 반성을 일깨워주었기 때문이다.
　이제야 빛을 보게 되는 그의 첫 시집 출간을 진정으로 기뻐하면서, 나는 그의 시집 가운데서 큰 울림으로 다가온 시 몇 편을 함께 읽어보고자 한다.

> 내 안의 또다른 나를 보기 위하여
> 무던 애쓰던 때가 있었다
> 눈을 감고 한나절 넋을 놓거나
> 인적 없는 숲 속에서 귀를 닫기도 했다
> 그럴수록 나는 나를 더 깊이 감추고
> 휘이휘이 바람만 내저었다
>
> 산꼭대기에 올라 맴을 돌다가
> 나도 모르게 원심력을 거슬러
> 내 속으로 들어갔다
> 나를 벗어난 내 밖의 또다른 내가

나무와 산과 하늘과 한 몸 이루어
뱅글뱅글 춤추고 있는 것을 보았다
삼라만상이 하나의 몸짓으로
내 끝에 매달려 돌고 있는 것을 보았다

나는 원심을 맴도는 나무였다
산이었다 하늘이었다
하늘과 산을 돌리는 작은 원심(圓心)이었다
　　　　　　―「안에서 밖을 보다」 전문

　이 시는 정바름 시인이 사유를 바탕으로 자신의 존재론적인 성찰을 담고 있다. 그는 이미 "내 안의 또다른 나"가 있고, "내 밖의 또다른 내"가 있음을 알고 있다. 그는 자신의 존재를 알기 위해 무던히도 노력하던 순간을 떠올린다. 그는 존재의 성찰을 위해서 일상을 초월한 공간으로 '산꼭대기'를 향한다. 이때의 산은 속된 세계를 벗어난 성스러운 공간이기도 하고 자신의 존재론적인 성찰을 가능하게 하는 공간이다. 정바름 시인은 번잡스러운 일상을 돌아보기 위해서 높은 산에 올라 멀리 떨어져 그것을 내려다본다. 그곳에서 시인은 "삼라만상이 하나의 몸짓으로/내 끝에 매달려 돌고 있는 것을 보"게 된다. 이 세계의 중심축에는 자신이 존재한다는 사실을 깨닫게 되는 것이다. 그리고 그는 비로소 "나는 원심을 맴도는 나무였다"는 사실도 터득하게 된다. 바로 그 지점에서 시인은 산이 되기도 하고 하늘이 되기도 한다. 궁극적으로는 "하늘과 산을 돌리는 작은 원심이었다"고 스스로 깨닫는 것이다.

이렇듯이 그의 시는 사유의 치밀함을 통해 형상화되는 특징을 갖고 있다. 그의 시적 세계의 중심에는 존재론적 성찰과 관념론적인 깊이가 특징으로 자리하고 있다. 그러나 그러한 것들은 관념으로서만 존재하는 것이 아니다. 무엇보다도 그의 시는 구체적인 체험을 배경으로 이루어지는 자기반성과 성찰이라는 실천적 토대를 발견할 수 있기 때문이다. 그만큼 그의 시는 체험의 구체성과 진실성 위에서 피어나는 언어의 꽃이라 말할 수 있다.

다음의 시에서 우리는 그것을 직접적으로 알 수가 있다.

기도를 하다가 술을 마신다
내 속에 들어와 벌겋게 취하는
하느님
그제서야 당신은 내게 다가와
가식 없는 손을 내민다

술을 마시다가 기도를 한다
입술을 떠난 기도가
출렁이는 술잔을 박차고 나오면
내 온몸 비로소 당신 속에 들어가

하늘을 본다

취기를 다스리지 못하는 기도
기도를 멈추지 못하는 취기

이래저래 기도만 하다가
이래저래 술만 마시다가

─「어떤 기도」 전문

그의 시에는 종교적 내용이나 그 체험을 바탕으로 한 시들이 상당수가 있다. 실제로 그는 종교적인 체험이 있기도 하다. 그러나 시를 쓸 때 체험은 단순한 소재에 지나지 않을 것이다. 시적 형상화 이전의 모든 것들은 다 사실에 지나지 않기 때문이다. 그것들이 시적 구상을 거쳐서 표현으로 나타날 때에야만 시적 진실을 획득하게 된다. 그러므로 시적 형상화가 이루어지지 않는 한 시인의 체험은 단순한 사실일 뿐, 시적인 진실과는 거리가 먼 것이다. 정바름 시인은 그러한 체험을 표현하여 시적 형상으로 이끌어 올린다.

위 시는 기도를 소재로 하여 종교적인 관심을 형상화하고 있다. 흔히 우리는 자주 두 종류의 '주'를 지니고 산다는 농담을 한다. 기독교적 믿음의 '주'님과 술을 의미하는 '주'가 그것이다. 그러고 보면 우리의 일상은 기도하기와 술 마시기 사이의 곡예(曲藝)일 수도 있다. 삶의 구심력을 향한 기도 행위와 삶의 원심력을 향한 술 마시기는 시인에게는 모두가 다 자기 생에 대해서 진정한 가치를 추구하려는 행위라 할 수 있다.

위 시에서 시인의 삶은 매우 역설적인 모습으로 비쳐지고 있다. 그러므로 시인이 "기도를 하다가 술을 마신다"와 "술을 마시다가 기도를 한다"는 것은 동일한 행위의 서로 다른 표현일 것이다. 그러기에 우리 생은 알고 보면 이 시의 마지막 행에서처럼 "이래저래 기도만 하다가/이래저래 술만 마시다가" 가는 것일 수 있다.

정바름의 시에서 흥미로운 것은 그의 이러한 삶의 성찰을 지향하는 행위가 산을 오르는 것으로 나타난다는 사실이다. 이 글의 맨 앞에 인용한 시도 그렇거니와 그의 시에는 산을 오르는 행위를 형상화한 시들이 여러 편 있다. 아래의 시도 그 하나이다.

산꼭대기에 올라 비로소
더 이상 오르지 못할 곳이 있음을 안다
산은 하늘 아래 말이 없고
먼발치에 옹기종기 목숨 잇대어
사람들이 산다

하늘은 아래로 아래로 내려와
산에 닿고

산은 더 이상 낮아질 수 없는 곳까지 내려와
사람이 되었으리

그리하여 사람이 목숨 다하는 날
지친 몸은 산으로 돌아가고
땅 위에 붙잡혀 있던 영혼은 하늘로 올라
하늘과 땅과 사람이 한 몸을 이루는
저 불멸의 진리

사람 같은 산
산 같은 하늘

―「산꼭대기에 올라」 전문

 이 시에서 우리는 그의 깨달음이 부단한 자기 노력의 결과라는 것을 알 수 있다. 어찌 보면 이 시에 표현되어 있는 깨달음이란 단순한 것처럼 보일 수도 있다. 그러나 그것은 깨닫기 위한 과정의 진정성을 동반한다는 사실을 전제할 때 참으로 가치가 있는 것이다. 그것이 위 시에서는 "산꼭대기에 올라 비로소/더 이상 오르지 못할 곳이 있음을 안다"고 압축적으로 표현되었다. 정바름의 생에 대한 인식은 모든 것이 절실한 체험을 바탕으로 한 깨달음에서 비롯하고 있기에 가치가 더한다. 그러기에 그는 산꼭대기에 올라서 자신은 비로소 진정으로 낮아질 수가 있었던 것이다. 거기서 그는 "산은 하늘 아래 말이 없고/먼발치에 옹기종기 목숨 잇대어/사람들이 산다"는 사실을 발견하게 되었다. 산꼭대기에 올라서야 하늘이 있음을 알게 되고 그 하늘 아래서야 산은 존재의미를 갖는다. 마찬가지로 산을 통해서 사람의 존재가 드러나는 것이다.

나아가 그의 시선은 하늘로부터 산에 닿고, 다시 사람에 이른다. 시인은 하늘이라는 이상과 산이라는 지상의 높은 가치, 바로 그것을 삶으로 실현하는 자들이 인간이라는 것을 깨닫는 것이다. 3연에 이르면 사람들이 죽어서 산에 묻히고 영혼은 하늘로 돌아가는 이치를 펼쳐보여 준다. 시인은 이를 일러서 "하늘과 땅과 사람이 한 몸을 이루는/저 불멸의 진리"라 하였다. 그러므로 정바름은 사람은 산과 같기를, 산은 하늘같기를 꿈꾼 것이다.

이렇듯 그의 시는 산이라는 보편적 상징으로도 나타나지만 구체적인 산으로도 표현되는데, 이때에 우리에게는 더 큰 공감대를 제공해 준다. 아래의 시는 '계족산'을 통해서 우리에게 다가온다.

    계족산에 안겨서도
    산이 되지 못했다

    꽃잎에 눈 맞추고도
    꽃이 되지 못했다

어두운 기억 밀어내며
새소리 와락 안겨드는 아침

아직도 단꿈에 젖은
네 고운 이마에 손을 대고
나는 무엇이었나 생각한다

미안하다
한 번도 나는
네가 되지 못했다

—「미안하다」전문

 이 시에는 정바름의 자기 생에 대한 연민의식이 지배적으로 깔려 있다. '계족산'은 대전지역에 있는 산으로서 정바름의 생을 지탱해준 가치였다고 할 수 있다. 매일 그것을 오르는 행위를 통해서 그의 삶은 지속되어 왔고, 그는 끝내 그 산에 올라 안겼지만 그래도 산이 되지는 못하였다고 반성한다. 그것은 더 구체적인 행위로서 "꽃잎에 눈 맞추"는 행위로도 나타난다. 시인은 자기 생에서 "어두운 기억 밀어내며" 아침에 계족산에 올라 산의 고운 이마에 손을 대고 스스로 자신은 무엇이었나를 반문해 본다. 그리고 "미안하다/한 번도 나는/네가 되지 못했다"고 스스로를 고백하였다.

  지금까지 살핀 바에 의하면 정바름은 생에 대한 성찰을 통해서 자신을 돌아보고 "내 안의 또다른 나"를 찾아가고자 하는 것이다. 그리고 그러한 의식이 압축적으로 표출될 때 그의 시는 우리에게 더 큰 진가를 발휘하게 된다. 그러한 시편들 가운데 완성도가 높은 작품들이 많이 있다.

  다음의 시는 정바름의 이번 시집에서도 빼어난 시로 손꼽을 수 있는 작품이다.

> 다 늦은 저녁 횅한 벽을 더듬어
> 콘크리트에 못을 박는다
> 허공을 내리치는 무딘 망치가
> 불꽃을 튀기며 나가떨어진다
> 세월의 매듭 이리 견고한가
> 무수한 생명을 품었다 놓았던
> 저 가슴은 좀처럼 열리지 않는다
> 산다는 건 맺고 또 푸는 일이라지만
> 겹겹 지층으로 마음 둘러온 그대가
> 언제 온몸을 벗어 사랑한 일 있었던가
> 그대를 여는 일은 또 나를 벗는 것
> 중심을 겨누고 다시 못을 박는다
> 상처가 비로소 비밀을 허물고
> 푸른 시간을 피워내기까지

사랑은 어둠보다 깊다

콘크리트 벽에 못질을 한다
절망과 희망을 되풀이하며
사랑은 벽에다 못을 박는 일
그대의 가슴을 비집고
저 벽에 내가 걸린다
—「늦사랑, 벽시계를 걸며」 전문

이 시는 정바름의 시집 가운데서 매우 감동적으로 읽은 시다. 이 시에는 무엇보다도 삶에 대한 역설적 인식이 돋보인다. 우리 생이란 절대로 단선적이지 않다. 그러므로 우리 삶의 복선적 구조 속에 가로 놓여 있는 역설적 인식과 그 표현은 문학이 나아가야 할 한 영역이기도 하다. 정바름의 시에는 그러한 인식이 드러나고 있다. 그러한 부분은 "그대를 여는 일은 또 나를 벗는 것", "사랑은 어둠보다 깊다", "그대의 가슴을 비집고 저 벽에 내가 걸린다"에서 그 역설적 인식의 깊이를 발견할 수 있다.

위 시는 벽에 못을 박아 벽시계를 거는 과정을 소재로 하고 있다. 가파른 콘크리트 벽에 못을 박는 일은 어렵거니와, 거기에 벽시계를 걸어놓는 일도 가파른 삶의 한 부분이다. 벽에 못을 박는 일만큼 우리 삶은 쉽지가 않다. 한번 박은 못은 다시 뽑기가 쉽지 않기 때문이다. 이 시에서 우리 생의 일회성을 반영하는 것이 콘크리트 벽에 못 박기이다. 시인이 매일 "중심을 겨누고 다시 못을 박는" 일은 절망과 희망을 되풀이하며 사는 일이다. 또한 그것은 사랑으로 이어지고 있다. 따라서 정바름 시인은 "사랑은 벽에다 못을 박는 일"이라고 압축하였다.

더욱이 중요한 부분은 이 시의 마지막 연이다. "그대의 가슴을 비집고/저 벽에 내가 걸린다"는 부분이 바로 그것이다. 벽이라는 시련의 공간에 못을 박는 일처럼 어려운 것이 사랑의 성취이다. 결국 벽에 못을 박고 그곳에 벽시계를 걸어놓으려 하지만 그것도 그리 쉽지가 않다. 가파른 벽에 매달려 시간을 이어가야 하는 벽시계는 가파르게 이어가는 우리 생의 어려움을 동시에 담아내고 있기 때문이다.

정바름은 자식으로 치면 이제 늦둥이를 얻은 셈이다. 그만큼 그에게 늦둥이는 소중한 것이겠지만, 더 중요한 것은 그 늦둥이를 이어서 그와 함께 할 수 있는 새로운 자식이 더 필요한 것이다. 앞으로는 시에 대한 늦바람이 좀 더 도져서 시에 대한 열정의 불길이 더 크게 번져가기를 바란다. 그리하여 그의 존재론적 성찰과 생에 대한 연민의식이 보다 깊은 언어와 만나 새로운 시적 성취를 이룰 수 있기를 진심으로 기대해 본다. 그리하여 그가 추구하려는 "내 안의 또다른 나"를 찾아 더 깊이 나아가는 시적 생보가 이어지기를 진심으로 바란다.

시인의 말

  정말 오랜 세월을 머뭇거리다가 여기에 슬쩍 시를 올려놓는다. 나는 늘 이 모양으로 살아왔다. 그런데도 나를 품어준 세상이 있었고, 따듯하게 보듬어준 이웃이 있었다. 「큰시」의 오랜 우정도 고맙고 고맙다.

  어머니와 아내, 그리고 다믓이에겐 여전히 미안한 마음이다. 정말 미안하다.

2009년 6월
정바름

사랑은 어둠보다 깊다

2009년 6월 17일 초판 1쇄 찍음
2009년 6월 19일 초판 1쇄 펴냄

지은이 _ 정바름
펴낸이 _ 양동문
펴낸곳 _ 詩와에세이

신고번호 _ 제319-2005-000014호
주소 _ (120-865) 서울시 서대문구 북아현동 1-495 세방그랜빌 2층
대표전화 _ (02)313-4023, 324-7653
팩시밀리 _ (02)392-4023
휴대전화 _ (011)355-7565
전자우편 _ sie2005@naver.com
공 급 처 _ 한국출판협동조합
주문전화 _ (070)7119-1741~2
팩시밀리 _ (031)944-8234~6

ⓒ정바름, 2009
ISBN 978-89-92470-33-9 03810

* 지은이와 협의하여 인지는 생략합니다.
* 이 책 내용의 전부 또는 일부를 재사용하려면 반드시 지은이와
  詩와에세이 양측의 동의를 받아야 합니다.
* 책값은 뒤표지에 표시되어 있습니다.